Made in the USA
Columbia, SC
13 September 2020

20344588R00061